Relato da
construção da
FERRONORTE

ENG. JOSÉ
DOS PASSOS
NOGUEIRA

Relato da
construção da
FERRONORTE

com participação de
Lucas Monteiro
Nogueira e Aléxia
Aydée Penna
da Cunha

Labrador

© José dos Passos Nogueira, 2025
Todos os direitos desta edição reservados à Editora Labrador.

Coordenação editorial Pamela J. Oliveira
Assistência editorial Vanessa Nagayoshi, Leticia Oliveira
Projeto gráfico e capa Amanda Chagas
Diagramação Emily Macedo Santos
Preparação de texto Monique Pedra
Revisão Marília Courbassier Paris
Imagens de miolo Acervo pessoal

Dados Internacionais de Catalogação na Publicação (CIP)
Jéssica de Oliveira Molinari - CRB-8/9852

Nogueira, José dos Passos
 Relato da construção da Ferronorte : com participação de :
 Lucas Monteiro Nogueira e Aléxia Aydée Penna da Cunha /
 José dos Passos Nogueira.
 São Paulo : Labrador, 2025.
 128 p.

 ISBN 978-65-5625-826-3

 1. Ferronorte – História 2. Ferrovias – Brasil – História 3.
 Engenharia ferroviária I. Título II. Nogueira, Lucas Monteiro
 Nogueira III. Cunha, Aléxia Aydée Penna da

25-0578   CDD 385-098105

Índice para catálogo sistemático:
1. Ferronorte - História

Labrador

Diretor-geral Daniel Pinsky
Rua Dr. José Elias, 520, sala 1
Alto da Lapa | 05083-030 | São Paulo | SP
contato@editoralabrador.com.br | (11) 3641-7446
editoralabrador.com.br

A reprodução de qualquer parte desta obra é ilegal e configura
uma apropriação indevida dos direitos intelectuais e patrimoniais
do autor. A editora não é responsável pelo conteúdo deste livro.
O autor conhece os fatos narrados, pelos quais é responsável,
assim como se responsabiliza pelos juízos emitidos.

SUMÁRIO

- PREFÁCIO — 7
- CAPÍTULO 1 **A IDEIA INICIAL** — 9
- CAPÍTULO 2 **A CONCESSÃO FERROVIÁRIA** — 13
- CAPÍTULO 3 **A CRIAÇÃO DA EMPRESA** — 15
- CAPÍTULO 4 **PROJETOS DE ENGENHARIA** — 17
- CAPÍTULO 5 **O FINANCIAMENTO** — 19
- CAPÍTULO 6 **O INÍCIO DA OBRA** — 21
- CAPÍTULO 7 **DESAPROPRIAÇÃO** — 25
- CAPÍTULO 8 **A FÁBRICA DE DORMENTES** — 27
- CAPÍTULO 9 **A COMPRA DE TRILHOS** — 31
- CAPÍTULO 10 **O CANTEIRO DE OBRAS** — 39
- CAPÍTULO 11 **A TERRAPLENAGEM** — 41
- CAPÍTULO 12 **A DRENAGEM** — 47
- CAPÍTULO 13 **AS OBRAS DE ARTES ESPECIAIS** — 63
- CAPÍTULO 14 **A VIA PERMANENTE** — 67
- CAPÍTULO 15 **A OPERAÇÃO FERROVIÁRIA** — 81
- CAPÍTULO 16 **OS TERMINAIS DE CARGA** — 93
- CAPÍTULO 17 **COMPRA DE LOCOMOTIVA** — 97
- CAPÍTULO 18 **FABRICAÇÃO DE VAGÕES** — 99

CAPÍTULO 19 **O INÍCIO DAS OPERAÇÕES COMERCIAIS** ———— **101**

CAPÍTULO 20 **A FERRONORTE ATUAL E FUTURA** ———————— **105**

APÊNDICE **COMPONENTES DA VIA PERMANENTE (POR: LUCAS NOGUEIRA)** ——————— **109**

REFERÊNCIAS ———————————————————————— **125**

PREFÁCIO

Relato da construção da Ferronorte apresenta uma análise técnica e abrangente da construção e operação da Ferrovia Norte Brasil, liderada pelo engenheiro civil José dos Passos Nogueira. O livro narra a jornada de um projeto ambicioso que se transformou em uma das principais ferrovias do país, abordando desde sua concepção inicial até os desafios da operação.

Cada capítulo explora aspectos da obra, como a concessão ferroviária, os projetos de engenharia, o financiamento, a construção e a operação da via férrea em foco. Com uma linguagem acessível e rica em detalhes técnicos, o autor leva o leitor aos bastidores do empreendimento. Tudo é complementado por fotografias que ilustram os desafios e conquistas envolvidos ao longo do caminho.

Além de documentar a obra, o livro enfatiza a relevância da Ferrovias Norte Brasil S.A. (Ferronorte) para a integração regional e o desenvolvimento econômico do Brasil, tornando-se uma leitura indispensável para profissionais da área e entusiastas que desejam compreender as lições aprendidas na construção de um grande empreendimento da infraestrutura nacional.

Aléxia Aydée Penna da Cunha

CAPÍTULO 1

A IDEIA INICIAL

A Ferronorte surgiu com um propósito audacioso: transformar o transporte de cargas no Brasil, ligando as áreas produtoras do Centro-Oeste ao porto de Santos. O objetivo? Facilitar a movimentação de grãos e outros produtos agrícolas, reduzir custos e tornar o Brasil mais competitivo no mercado internacional.

Com o crescimento da produção agrícola, a necessidade de uma infraestrutura de transporte mais eficiente ficou clara. A Ferronorte tinha a proposta de conectar regiões como Mato Grosso e Triângulo Mineiro ao porto de Santos e fazer isso de forma moderna e eficiente.

A ideia era criar uma ferrovia de ponta, com trens longos e pesados, em consonância com os projetos *heavy haul* que então surgiam em países como Estados Unidos e Austrália. Buscou-se reduzir os custos de transporte, otimizar o tempo de carga e descarga e oferecer tarifas que fossem mais atraentes do que o transporte rodoviário.

A parceria com a Administração do Porto de Santos e a Ferrovia Paulista S.A. (Fepasa) foi essencial.

Juntos, modernizaram os terminais e a infraestrutura portuária, garantindo um fluxo de carga mais suave e eficiente. As locomotivas e os vagões foram escolhidos com atenção à eficiência energética e à capacidade de carga, e os sistemas de informática garantiam controle preciso e diagnóstico de problemas em tempo real.

Os trens foram configurados para maximizar a capacidade das locomotivas e minimizar a necessidade de reconfigurações e triagens, economizando tempo nos terminais.

Evidentemente, a construção da ferrovia não foi fácil. Enfrentar diferentes tipos de terreno e respeitar o meio ambiente foram grandes desafios. Estudos de impacto ambiental ajudaram a garantir que a obra fosse sustentável e respeitosa com áreas de preservação e com a população lindeira.

Para competir com o transporte rodoviário e a hidrovia Tietê-Paraná, a Ferronorte precisava oferecer um serviço ferroviário com tempos de trânsito menores e tarifas atraentes. Mas a visão ia além de resolver problemas logísticos imediatos; a ideia era se tornar um motor de desenvolvimento econômico regional, melhorando a infraestrutura de transporte e aumentando a competitividade dos produtos brasileiros.

Em suma, a Ferronorte se propunha a ser um verdadeiro impulsionador da integração nacional e do crescimento econômico nas regiões que atendia.

Imagem 1: Locomotiva Dash-9 da Ferronorte.

CAPÍTULO 2

A CONCESSÃO FERROVIÁRIA

Em 1988, o projeto da Ferronorte foi lançado com a ambição de interligar o Centro-Oeste e a Amazônia ao Sul do Brasil por meio de 5 mil quilômetros de ferrovias. Sob a gestão da holding Ferropasa, o projeto foi implementado em etapas. A primeira fase, de 410 quilômetros, ligava Aparecida do Taboado (MS) a Alto Taquari (MT), com um custo estimado de R$ 1,3 bilhão. Inaugurada em 6 de agosto de 1999, contou com a presença de figuras importantes incluindo o então Presidente Fernando Henrique Cardoso.

Após Alto Taquari, a Ferronorte seguiu até a BR 163 (Rondonópolis), com a segunda fase iniciada em janeiro de 2001.

Em maio de 1989, a União Federal e a Ferronorte S.A. assinaram um contrato de concessão para construir, operar e manter o sistema ferroviário de cargas. O contrato, firmado pelo Ministro dos Transportes José Reinaldo Carneiro Tavares e pelo empresário Olacyr Francisco de Moraes, tinha como objetivo conectar Cuiabá a cidades como

Uberaba e Uberlândia (MG), Santa Fé do Sul (SP), Porto Velho (RO) e Santarém (PA).

A Ferronorte S.A. obteve direitos significativos, como desapropriar terras, utilizar imóveis da União sem custo e extrair recursos naturais das áreas concedidas. Também pôde garantir empréstimos com os ativos das ferrovias e receber apoio financeiro da União.

O projeto foi dividido em duas etapas: a primeira ligava Cuiabá a Santa Fé do Sul e Uberaba ou Uberlândia, e a segunda conectava Cuiabá a Porto Velho e Santarém. A Ferronorte S.A. tinha quinze meses para elaborar o projeto da primeira etapa e seis anos para concluir as obras, após a aprovação do projeto.

A concessão teve um prazo de noventa anos, podendo ser prorrogada por igual período, a ser solicitada até dez anos antes do término do contrato.

CAPÍTULO 3

A CRIAÇÃO DA EMPRESA

A história da Ferronorte começou muito antes de sua fundação oficial. Em 1901, o engenheiro e escritor Euclides da Cunha já vislumbrava a necessidade de conectar o Centro-Oeste ao Sudeste do Brasil. Em seus escritos, ele afirmava a importância dessa conexão para o desenvolvimento do país: "Se isso não acontecer, é porque nos faltam um grande engenheiro, um grande ministro e um grande chefe de estado para realizar as grandes obras".

Décadas depois, em 1975, o deputado federal Vicente Vuolo, do Mato Grosso, apresentou um projeto de lei para incluir a ligação ferroviária entre São Paulo e Cuiabá no Plano Nacional de Viação. A proposta foi aprovada e virou a Lei n. 6.346, de 6 de julho de 1976, posteriormente substituída pela Lei n. 11.772, de 17 de setembro de 2008.

Em dezembro de 1987, começaram os estudos de viabilidade para a futura Ferronorte. Os resultados foram enviados ao governo federal em 15 de abril de 1988. No mesmo ano, em 22 de setembro, a Ferronorte S.A. foi oficialmente constituída, liderada pelo empresário agrícola Olacyr Francisco de Morais, fundador do Grupo Itamarati.

Olacyr, então maior produtor individual de soja do mundo, obteve a concessão federal para a Ferronorte por noventa anos.

CAPÍTULO 4

PROJETOS DE ENGENHARIA

A Ferronorte foi um projeto ambicioso. A ferrovia conecta o Triângulo Mineiro a Cuiabá e Chapadão do Sul, passando por locais estratégicos e configurando uma estrutura logística para transporte de insumos agrícolas.

Antes da construção, realizamos estudos detalhados para definir o trajeto ideal, com rampas de inclinação intermediária e curvas com raio mínimo de 650 metros, garantindo operação segura e eficiente dos trens. A terraplenagem foi uma das partes mais caras devido à movimentação intensa de terra e à necessidade de drenagem intensiva, especialmente em terrenos planos onde a água demora a escoar. Investimos muito em drenagem para controlar as águas superficiais e profundas.

As rampas da ferrovia têm uma inclinação de cerca de 2%, comparado aos 6% das rodovias, otimizando o consumo de energia dos trens. A construção seguiu um planejamento meticuloso, com a preparação do terreno, cobertura dos taludes com grama para prevenir deslizamentos e a instalação da superestrutura férrea, incluindo trilhos e suportes.

Os pátios de cruzamentos, essenciais para a operação da ferrovia, foram projetados para acomodar a movimentação de trens de forma segura e eficiente. Na Imagem 2 está o diagrama dos pátios, mostrando as passagens de nível sinalizadas e as altitudes dos pátios.

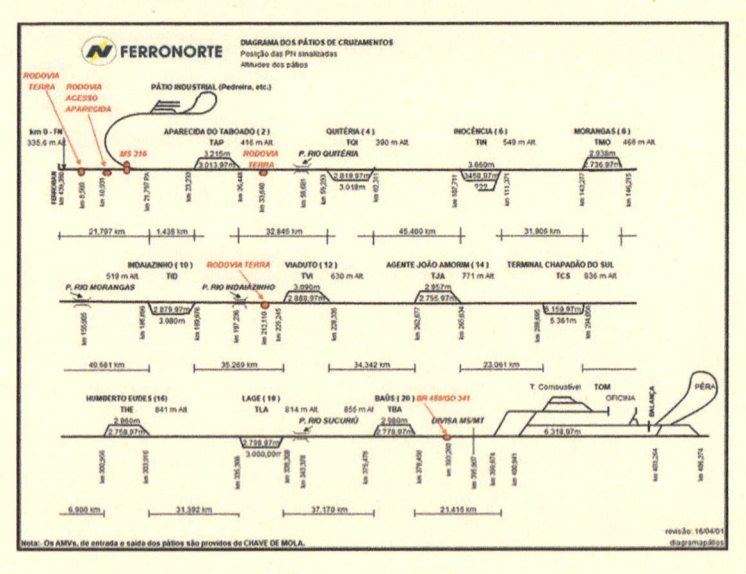

Imagem 2: Diagrama dos pátios de cruzamento.

CAPÍTULO 5

O FINANCIAMENTO

A implantação do sistema ferroviário da Ferronorte contou com uma combinação de recursos financeiros, incluindo capital social, financiamentos bancários e investimentos de cooperativas e órgãos governamentais. Para garantir o cumprimento das obrigações, a Ferronorte realizou um depósito no Ministério dos Transportes, o qual só poderia ser liberado após seis meses da entrega do projeto completo.

O Banco Nacional do Desenvolvimento Econômico e Social (BNDES) foi um dos principais apoiadores financeiros do projeto. No entanto, a situação financeira do grupo Itamarati, responsável pela Ferronorte, começou a se complicar ao longo dos anos 1990, e, em 1996, o grupo faliu. A Ferronorte foi então vendida a um grupo de investidores que, por sua vez, trouxe novos sócios como Previ, Funcef, Laif/GE Capital, BNDESPAR, BRP/Chase e Bradesco. Atualmente, a ferrovia é operada pela Rumo Logística.

Em julho de 1998, a holding Ferropasa foi criada para controlar as ferrovias Ferronorte e Novoeste.

Em novembro do mesmo ano, a Ferropasa participou do leilão da Malha Paulista (antiga Fepasa), que passou a ser chamada de Ferroban. A criação da holding Brasil Ferrovias, que uniu a Novoeste, a Ferronorte e a Ferroban, ocorreu em seguida.

Em 13 de junho de 2000, a Ferronorte e a Ferroban formalizaram um acordo para integrar suas operações. O objetivo era otimizar um corredor de exportação de 1.300 km, ligando a Ferronorte em Mato Grosso ao Porto de Santos. Esse acordo incluiu a unificação do controle operacional e um programa de melhorias na Ferroban, como a ampliação e reabilitação de dezoito pátios de cruzamento e o aumento da capacidade de carga para 30 toneladas por eixo.

Em 2006, o Grupo Brasil Ferrovias foi adquirido pela América Latina Logística (ALL), e a Ferronorte passou a ser chamada de América Latina Logística Malha Norte S.A., com a aprovação da Agência Nacional de Transportes Terrestres (ANTT) em 6 de agosto de 2008. Atualmente, a ferrovia é responsável pelo escoamento de parte da soja produzida no Oeste do país.

CAPÍTULO 6

O INÍCIO DA OBRA

O início da construção da Ferronorte envolveu a terraplenagem e preparação do terreno. Primeiro, nivelamos o solo e cobrimos os taludes com grama para evitar deslizamentos. Com a base pronta, começamos a montar a superestrutura, com trilhos e suportes transportados de Aparecida do Taboado para o local.

O contrato de concessão da Ferronorte foi assinado em 19 de maio de 1989, mas, como todo grande projeto, enfrentou vários adiamentos. As obras no trecho entre Santa Fé do Sul e Alto Araguaia só começaram em 1991. Após um longo caminho, esse trecho foi concluído em 1998 e em seguida entrou em operação.

A história da Ferronorte começou a ganhar forma em 1997, com a construção de um trecho inicial de 408 quilômetros, ligando Aparecida do Taboado a Alto Taquari. Esse trecho fazia parte do Projeto Brasil em Ação, uma iniciativa do governo federal para aprimorar a infraestrutura do país.

Em janeiro de 2001, a Ferronorte deu um novo passo ao iniciar a construção de um trecho que ligaria Alto Taquari a Rondonópolis. Este fazia parte do projeto Avança Brasil, outra iniciativa federal. Em março de 2002, a nova linha entre Alto Taquari e Alto Araguaia, com 96 km de extensão, foi oficialmente aberta ao tráfego.

Com esses trechos em funcionamento, a Ferronorte já contava com cerca de 500 km de ferrovia em operação. O objetivo final foi criar um corredor ferroviário que conectasse o Centro-Oeste ao porto de Santos, totalizando 1.810 km. Para tanto, foram construídos três terminais: em Chapadão do Sul, Alto Taquari e Alto Araguaia.

Imagem 3: Refeitório improvisado durante a construção da superestrutura da Ferronorte. Essa velocidade de 10 km/h se refere ao cruzamento da rodovia com a ferrovia.

Imagem 4: Esta foto é crucial, pois sem esta ponte a Ferronorte não existiria. Trata-se da Ponte Rodoferroviária sobre o Rio Paraná. A ferrovia começa exatamente no lado de Mato Grosso do Sul, no km 0, e a ponte conecta os dois lados da ferrovia: um em Mato Grosso do Sul e outro em São Paulo. Na época, havia uma dificuldade enorme, pois sem a ponte, a ferrovia não fazia sentido. Foi aqui que ela começou, praticamente no km 0.

Imagem 5: Os primeiros 20 quilômetros de linha foram montados com este sistema de Papamóvel.

Imagem 6: O trem de lastro (ou trem de serviço) exportando brita para a montagem da ferrovia.

CAPÍTULO 7

DESAPROPRIAÇÃO

No Mato Grosso, grandes áreas indígenas trouxeram complicações para o planejamento da Ferronorte. Isso reduziu bastante as opções de traçado.

A boa notícia é que não houve desapropriações forçadas. O que aconteceu foi que compramos as terras pelo preço de mercado, conforme as escrituras. Quando os proprietários não concordavam, o governo usava um decreto de utilidade pública para seguir com a obra, garantindo ao mesmo tempo compensação justa.

O governo apoiou o processo, evitando interrupções na construção e facilitando a compra e desapropriação quando necessário.

Imagem 7: Propriedade Lindeira à ferrovia.

Imagem 8: Proprietários vizinhos invadem a faixa de domínio.

CAPÍTULO 8
A FÁBRICA DE DORMENTES

A fábrica de dormentes em Aparecida do Taboado era um verdadeiro feito da engenharia, cobrindo 50 mil metros quadrados, com uma capacidade de produção de 1.024 dormentes por turno, chegando a 2.300 em dias de pico.

O processo começava com a colocação das ombreiras nos moldes desenvolvidos pela APTA Serviços Especiais. Cabos de aço eram tensionados antes do preenchimento dos moldes com concreto, e a cura térmica, realizada com mantas e óleo térmico a 180°C, durava sete horas.

Depois da cura, os cabos de aço eram distensionados, transmitindo força para os dormentes. Mas antes de serem usados na via, os dormentes passavam por um período de teste de sete dias para garantir qualidade. Foram realizados ensaios dimensionais e estáticos para verificar espaçamento, inclinação, resistência e capacidade de suportar cargas de até 24 kN, conforme a norma AREMA.

Durante a fabricação, observou-se que os chumbadores de ferro fundido tendiam a quebrar em descarrilamentos, enquanto os de aço, embora amassassem, mantinham a bitola. Além disso, os dormentes de concreto, embora pudessem romper com descargas atmosféricas, não alteravam muito a aparência. A instalação também enfrentou desafios, como atrasos devido ao arrasto dos trilhos dos pórticos, que exigiam equipamentos potentes e aumentavam o atrito.

A fábrica foi crucial para o sucesso da Ferronorte, assegurando dormentes de alta qualidade e durabilidade para os trilhos da ferrovia.

Imagem 9: Depósito de dormentes aguardando transporte para a frente de serviço.

Imagem 10: Dormente danificado.

Imagem 11: Movimentação improvisada de um dormente monobloco de concreto protendido no trem.

Imagem 12: Trem de dormentes estacionado em um pátio em construção.

Imagem 13: Trem de dormentes mostrando as três camadas que eram transportadas por viagem.

Imagem 14: Trem de serviços descarregando os dormentes.

Imagem 15: Outra vista do trem de dormentes.

Imagem 16: Detalhe do transporte rodoviário de dormentes passando para o trem de serviço. Pulmão de dormentes (19/04/1998).

Imagem 17: Detalhe do "gato" fazendo transbordo dos dormentes para o trem de serviço.

CAPÍTULO 9
A COMPRA DE TRILHOS

A seguir, abordaremos a compra e instalação dos trilhos na Ferronorte. Até 1993, o Brasil fabricava trilhos através da Companhia Siderúrgica Nacional (CSN), mas, com a queda no consumo, a produção foi interrompida. Assim, precisávamos procurar trilhos no mercado internacional.

A solução veio da siderúrgica Huta Katowice, na Polônia. Eles fabricavam trilhos adaptados ao clima local e vieram ao Brasil para estudar as condições e ajustar os trilhos ao nosso clima. Assim, conseguimos adquirir trilhos UIC 60, que foram os primeiros a serem comprados pela Rede Ferroviária Federal S.A. (RFFSA), hoje conhecida como MRS.

Os trilhos UIC 60 foram utilizados pela RFFSA, inclusive em grandes projetos como o Túnelão, em Minas Gerais, mas apresentaram fraturas devido às condições climáticas. A siderúrgica fez novos estudos e adaptou os trilhos para o Brasil.

Para a Ferronorte, usamos trilhos UIC 60 para fabricar AMS's (aparelhos de mudanças de manobras). Como o perfil original dos trilhos era TR68, criamos um calço metálico para adaptar a instalação ao UIC 60 (Imagem 19).

A instalação foi feita com barras de 288 metros, unidas por talas de junção. Utilizamos um trem trilheiro para transportar até cinquenta barras por vez, realizando solda aluminotérmica e testes de qualidade. As juntas foram colocadas alternadamente, e posteriormente montamos nosso próprio trem trilheiro para seguir com a obra.

Nos terminais, utilizamos trilhos perfil TR57 para as linhas de desvio, e construímos um ramal com material usado e dormentes de madeira. Esse ramal apresentou problemas de manutenção e descarrilamentos, especialmente devido ao raio apertado da pêra de carregamento do lastro.

Imagem 18: Manobra na pêra ferroviária da unidade industrial para construção da Ferronorte.

Imagem 19: Calço para adaptar trilho UIC60 aos dormentes adequados aos trilhos TR68.

Imagem 20: Solda aluminotérmica para formação de trilho longo contínuo.

Imagem 21: Linha de desvio para carregamento no terminal da Cargill (extinto).

Imagem 22: Trilho auxiliar de pórtico.

Imagem 23: Seção do trilho UIC60.

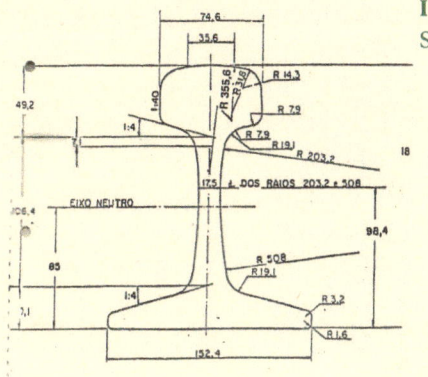

Imagem 24:
Seção do trilho TR68.

Imagem 25:
Dispositivo de carga de lastro ao fundo e destaque para parte da pêra ferroviária.

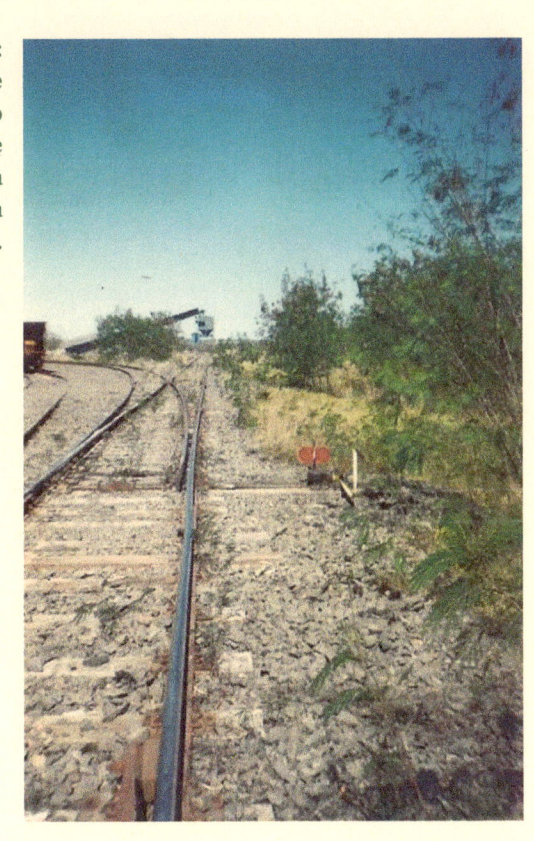

Imagem 26: Fixação instalada em definitivo.

Imagem 27: Fixação rígida.

Imagem 28: Fixação sem palmilha amortecedora.

Imagem 29: Puxamento do TLS (trilho longo soldado) sobre roletes para formação da grade.

Imagem 30: Vagão prancha PDT transportando talas, grampos e caixas de palmilhas de amortecimento.

CAPÍTULO 10

O CANTEIRO DE OBRAS

Começamos nosso primeiro canteiro em Aparecida do Taboado, no quilômetro 10. Chegamos sem uma ideia clara de onde começar, então montamos um escritório provisório em um posto de gasolina. Naquela época, só tínhamos fax para receber documentos.

Logo no início, recebi uma nota de serviço e a entreguei ao topógrafo. Na noite daquele dia, ele me contou que havia deixado a nota em cima de um mourão da cerca, e o gado acabou comendo. Foi uma situação engraçada.

Depois disso, instalamos nossa primeira base de apoio em Aparecida do Taboado, em um local apelidado "Shopping da Xuxa", que estava desativado. A partir dali, começamos a construir o canteiro principal na cidade. Também estabelecemos um canteiro no quilômetro 110, na cidade de Inocência.

Os canteiros eram divididos em "canteiros de base" e "canteiros avançados". O canteiro de base principal foi em Aparecida do Taboado. Construímos um canteiro avançado para a primeira ponte sobre o Rio Sucuriú. De Inocência, seguimos até Água Limpa, no km 200, onde montamos outro grande canteiro.

Depois, avançamos até Chapadão do Sul, onde instalamos um segundo grande canteiro. Continuamos até o km 300, onde criamos outro canteiro de base. Em seguida, chegamos à cidade de Alto Taquari, em Mato Grosso, e montamos um canteiro no km 408. De lá, avançamos até Alto Araguaia, no quilômetro 500, e finalmente chegamos a Rondonópolis, no km 600, onde a ferrovia está operando até hoje.

Ao longo desses 600 quilômetros, montamos vários canteiros de apoio. A estrutura destes seguia o avanço da obra, com equipes sendo montadas e deslocadas conforme necessário.

CAPÍTULO 11

A TERRAPLENAGEM

A terraplenagem é um processo fundamental na construção de estradas e ferrovias, que envolve o movimento de terra para a criação de uma superfície adequada ao tráfego de veículos ou material rodante. O processo inclui o corte e o aterro do terreno para garantir que não haja excesso de terra ou lacunas, visando nivelar o terreno.

Na época, sugeri que a terraplenagem nas obras de expansão da Ferronorte fosse feita com atenção especial às passagens em nível (PNs). A ideia era garantir segurança e visibilidade, usando o critério do triângulo de visibilidade. Se não precisássemos terraplenar, poderíamos desmatar ou fazer uma roçada básica.

Nos viadutos, recomendei aumentar a largura ferroviária para facilitar a manutenção e evitar problemas futuros. Durante a terraplenagem, enfrentamos desafios como a altura insuficiente das últimas banquetas dos cortes, o que aumentava a movimentação de terra e trazia a necessidade de mais canaletas de proteção. Optamos por limitar a altura máxima da última banqueta a 12 metros para simplificar o trabalho.

Para os dispositivos de drenagem de proteção de crista de corte, usamos valetas feitas com a lâmina da patrol. Em trechos com pouca inclinação, escolhemos valetas em terra, e em áreas mais íngremes, valetas de concreto. Mais tarde, adicionamos bacias de dissipação e abandonamos a ideia de murundus de terra devido ao custo elevado.

Eliminamos as canaletas de proteção no lado mais baixo dos cortes, optando pelo arredondamento dos pés dos taludes. Experimentamos várias formas de canaletas, chegando à trapezoidal como a melhor solução. Inicialmente, pensamos em usar meio-fio, mas desistimos. A seção triangular também foi descartada por ser difícil de executar e manter.

A locação das canaletas gerou discussões. No final, decidimos que elas não seriam muito próximas da borda, devido à pouca compactação. Na terraplenagem, a seção da plataforma foi implantada com várias medidas. No começo, deixamos uma largura de 1 metro de cada lado para manutenção, e a cada 5 quilômetros tínhamos um trecho alargado de 200 metros. No entanto, após questionamentos, abandonamos essa ideia e reduzimos a seção da plataforma, considerando apenas a necessidade de trocar os dormentes.

Perto da cabeceira da ponte rodoferroviária sobre o lago da represa de Ilha Solteira no rio Paraná, encontramos solo granular frágil e altamente erosivo. Executamos cortes e aterros com inclinações de 30° a 33°, e protegemos todos os taludes com uma camada de solo argiloso compactado de 30 centímetro, sobre a qual plantamos grama em placa.

Durante a execução dos aterros, constatou-se que os taludes apresentavam superfície muito porosa, sem compactação, provocando erosões e sedimentação nas valetas das bermas de aterro, canais e bueiros. Para evitar isso, removemos o material solto e o compactamos nos pés de aterro e nas bermas, permitindo que a grama se desenvolvesse sobre solo mais estável.

Em setembro de 1993, redefinimos o controle do grau de compactação do corpo de aterro. Com base em estudos geotécnicos e na homogeneidade do solo da região, acertamos um critério único de controle do grau de compactação, estabelecendo um mínimo de 95%, com média de 97%, independente da altura.

Nos trechos com greide colado, adotamos o procedimento de substituição do solo com escavação até 0,60 metros abaixo do greide de terraplanegem, compactando a camada subjacente até atingir um grau de compactação maior que 100% e preenchendo novamente com solo compactado em camadas de 25 centímetros.

Imagem 31: Vegetação avançando na plataforma.

Imagem 32: Vegetação crescendo de forma desordenada sobre a via.

Imagem 33: Vegetação crescendo de forma desordenada sobre a via.

Imagem 34: Plataforma saturada.

Imagem 35: Erosão na base do aterro.

Imagem 36: Recuperação de corpo de aterro.

Imagem 37: Enrocamento na saída do dreno profundo.

Imagem 38: Assoreamento na base do corpo do aterro.

Imagem 39: Plataforma em corte de arenito.

CAPÍTULO 12

A DRENAGEM

Vamos falar um pouco sobre a drenagem no projeto da Ferronorte. Esse sempre foi um aspecto crucial. Sugerimos bueiros e galerias nos talvegues para facilitar o escoamento das águas e evitar erosões. Aumentar o número de descidas d'água também era uma boa prática, pois os cálculos em geral não consideravam a necessidade de limpeza constante das canaletas. Esperar a primeira chuva para ver onde a água realmente descia ajudava a ajustar as saídas corretamente (Imagem 49).

Outra sugestão foi melhorar o sistema de drenagem nas PNs, porque as leiras às vezes não conseguiam desviar toda a água, levando finos para o lastro e provocando colmatação. As leiras, ademais, não eram tão vantajosas quanto as canaletas convencionais, já que a infestação de braquiária no lastro era um problema sério.

DESAFIOS DAS DESCIDAS D'ÁGUA

A execução das descidas d'água foi um desafio à parte. Muitas vezes, o projeto original indicava a locação delas perto de um bueiro, mas para encurtar e melhorar o local de deságue decidimos que seria melhor implantá-las diretamente sobre o alinhamento do bueiro. Isso garantia que as águas fossem descarregadas diretamente nos bueiros (Imagem 40).

LOCALIZAÇÃO DOS BUEIROS

Houve uma grande discussão acerca de onde os bueiros deveriam ser colocados: nos talvegues ou nas ombreiras dos aterros. Alguns achavam que colocar os bueiros nas ombreiras iria criar um represamento de água a montante, o que não era ideal por causa do material do solo. No fim, acabamos fazendo as duas coisas. Colocar os bueiros nos talvegues era mais difícil, mas eliminava qualquer desnível na saída, prevenindo erosões. Já nas ombreiras, o represamento de água nem sempre permitia que as águas voltassem aos talvegues de forma correta, o que acabava causando erosões.

ESTRUTURAS E BUEIROS

Durante a execução dos bueiros, tivemos que adaptar várias soluções conforme surgiam novas necessidades. Um exemplo interessante foi a adaptação de bueiros para a passagem de gado. Cientes dessa necessidade, ampliamos a seção dos bueiros para 2,50 metros de diâmetro, garantindo uma passagem segura. Apesar de normalmente evitarmos bueiros de chapa corrugada em áreas com águas perenes devido ao risco de corrosão, dessa vez a chapa se mostrou eficaz e não apresentou problemas de oxidação nos anos subsequentes.

Durante a instalação, nos deparamos com um lençol freático raso, o que nos obrigou a modificar a fundação. Além disso, colocamos um bueiro em uma voçoroca ativa. Combinada com as chuvas, esta trouxe erosões mais extensas, exigindo a implementação de dispositivos adicionais de dissipação.

Nas obras de arte, como viadutos, sugeri substituir os guarda-corpos metálicos por concreto. Essa mudança ajudaria a reduzir a manutenção e evitar problemas frequentes de quebras e amassados.

Um caso interessante ocorreu em uma erosão remontante, onde decidimos construir um bueiro cachimbo. Em outra situação, deslocamos a obra para dentro da erosão, mas na região de montante, tivemos que construir um canal de captação mais comprido, até fora da faixa de domínio. Esse bueiro ganhou até o apelido de "bueiro Raoní".

⚏ CANALETAS E SOLUÇÕES ENCONTRADAS ⚏

Além disso, houve uma grande quantidade de canaletas executadas ao longo do projeto. No total, foram 308.933 metros lineares (ml), divididos da seguinte forma:

Canaletas	ml
Arruamento de terminal	2.923,0
Banqueta de corte	11.150,0
Berma de aterro	8.118,0
Canal corte	344,0
Canal jusante	390,0
Canal montante	58,0
Crista de corte	31.485,0
Perpendicular de eixo	80,0
Plataforma de aterro	109.495,0
Plataforma de corte	118.785,0
Proteção pé de aterro	26.105,0

(Elaborado pelo autor)

As canaletas são o sistema de drenagem superficial. O critério que usamos foi calcular o dimensionamento e, depois, ir para o campo e estudar a maneira mais racional. De fato, fizemos muitas obras já com o objetivo de eliminar diversas canaletas. Por exemplo, na execução do rasamento de corte não há necessidade de canaleta em um dos lados. Transformamos o que chamávamos de seção americana, que era um corte, para virar um falso aterro, e, com isso, também reduzimos a necessidade de drenagem.

Sobre as canaletas de plataforma, fizemos várias tentativas até encontrar a melhor solução, que foi a canaleta trapezoidal. No começo, pensamos em usar meio-fio, mas isso não foi adiante. Depois, tentamos uma seção triangular, mas era difícil de executar porque o pedreiro tinha que trabalhar ajoelhado do lado de fora, e a manutenção também era complicada. No fim, definimos que a canaleta não deveria ser muito próxima da borda do aterro, devido à pouca compactação.

AJUSTES E MELHORIAS NAS SAÍDAS DOS BUEIROS

Com relação às saídas dos bueiros, onde havia desnível, jogamos pedras gabião, mas isso não eliminou totalmente o risco de erosões. Percebemos que surgiram muitas erosões nos talvegues antigos por falta de recomendação de tratamento no projeto, que deveria ter indicado um dispositivo de drenagem profunda nesses locais. Também constatamos que uma falha foi não ampliar o comprimento das saídas d'água, para levar a água captada para bem longe do corpo do aterro. O projeto previa um dispositivo de drenagem profunda ao longo do corpo (charutão), mas, como o material de fundação era arenoso, esse dreno se mostrou ineficiente.

DRENAGEM EM OBRAS DE ARTE

A drenagem nas obras de arte precisava ser planejada com cuidado. Abandonar as vascas de dissipação de energia das águas das cristas dos cortes e usar dispositivos de drenagem em concreto, conforme previsto inicialmente, era uma dessas sugestões. Também era importante garantir sistemas de drenagem eficientes em torno dos armários de controle e caixas de passagem nas PNs para evitar problemas de acúmulo de água (Imagem 45).

INSPEÇÕES E MODIFICAÇÕES

Em agosto de 1993, uma inspeção nas obras constatou que os bueiros metálicos não estavam sendo assentados sobre base de brita com selo nas extremidades, conforme previsto no projeto ARMCO. Em vez disso, os técnicos da própria ARMCO, em função do tipo de solo, recomendaram apenas a regularização e compactação da fundação.

Foram empregadas juntas tipo M 35 nos bueiros celulares, mas apenas nos locais de maior carreamento, enquanto as juntas próximas às bocas ou escadas são do tipo convencional.

Para otimizar os dispositivos de drenagem superficial, adotou-se em alguns trechos a execução com revestimento em grama. No entanto, essa solução foi abandonada devido à baixa declividade, que favorecia o assoreamento e o fechamento da seção por falta de roçada.

Em setembro de 1993, foi criada uma instrução de serviço para a drenagem da plataforma de aterro nos trechos com alturas menores que 3 metros. Nela, ficou acertado que, para trechos de pequenas alturas, as canaletas de drenagem da plataforma seriam eliminadas. Estendemos o sublastro até a borda do talude e realizamos plantio de grama em mais pontos para evitar a concentração de água.

No tocante aos drenos subterrâneos, foi cogitado o lançamento de uma camada de areia grossa antes de lançar a manta geotêxtil para impedir que a manta fosse colmatada na base. Porém, com a constatação de que o solo era predominantemente arenoso e que o custo da areia grossa na região era muito alto, os drenos foram executados da forma convencional.

RELAÇÃO DE RIOS E CÓRREGOS ENTRE OS KM 0 E 502 DA FERRONORTE

Ao longo da construção da Ferronorte, atravessamos diversos rios e córregos que exigiram planejamento específico para a drenagem. Entre eles, destacam-se o Córrego Rondinha, o Córrego do Campo, o Córrego da Divisa e muitos outros. Cada um desses cursos d'água apresentou desafios únicos, desde a necessidade de bueiros adequados até soluções para prevenir erosões e garantir a durabilidade das estruturas.

Esses córregos e rios são parte vital do ecossistema local e exigiram um cuidado especial durante a construção. A interação com o meio ambiente e a necessidade de adaptar o projeto às condições reais do terreno foram lições valiosas aprendidas ao longo do caminho.

Imagem 40: Canaleta de berma assoreada em função do carreamento do material solto na saia do aterro.

Imagem 41: Obras de drenagem superficial.

Imagem 42: Recuperando erosões superficiais com matacões.

Imagem 43: Recuperação de erosão.

Imagem 44: Caixa de recebimento na descida de água.

Imagem 45: Deficiência na drenagem superficial, fazendo com que a água infiltrasse na crista encharcando e provocando erosão superficial.

Imagem 46: Erosão (à esquerda) demonstrando onde as águas desceram na escada construída. Diante da situação, decidimos construir uma descida de água sobre a galeria. BS (bueiro simples celular) de concreto. Na vista, vê-se também o headwall.

Imagem 47: Ravinamentos, erosões superficiais ou "caminhos de rato" devido à não remoção da camada solta na saia do aterro.

Imagem 48: Dispositivos de drenagem em funcionamento.

Imagem 49: Descida d'água feita no lugar errado, resultando em problemas com o aterro. Dica: não se baseie só nos cálculos hidrológicos; é melhor esperar a chuva para confirmar!

Imagem 50: Descida d'água sem degraus.

Imagem 51: Recuperação de erosão na base do corpo do aterro.

Imagem 52: Descida d'água em locação indevida.

Imagem 53: Desassoreamento de dispositivo de drenagem superficial.

Imagem 54: Canaleta assoreada.

Imagem 55: Caixa de saída de passagem de gado e bueiro com presença de erosão.

Imagem 56: Drenagem superficial assoreada e obstruída.

Imagem 57: Recuperação de dispositivo de drenagem superficial.

Imagem 58: Canal de saída de passagem de gado (PG) e de bueiros juntos. Não teve bons resultados.

Imagem 59: Nesta região de extensa planície, onde o terreno é praticamente plano, adotamos o princípio dos vasos comunicantes para executar a drenagem.

CAPÍTULO 13

AS OBRAS DE ARTES ESPECIAIS

Entre os km 0 e 501 da Ferronorte foram construídas diversas obras de arte essenciais para a integração da ferrovia. Vamos destacar algumas delas:

- » Travessia sob a Rodovia BR-158 (km 11,721), com 30 metros de extensão e uma rampa de 0,60%.
- » Ponte sobre o Rio Quitéria (km 58,560 a 58,792), com 232 metros de extensão (Imagem 60).
- » Viaduto sobre a Rodovia MS-240 (km 111,543 a 111,613), com 70 metros de extensão.
- » Ponte sobre o Rio Inhame/Morangas (km 155,735 a 156,069), com 334 metros de extensão.
- » Ponte sobre o Rio Sucuriú (km 343,336 a 343,411), com 75 metros de extensão.
- » Ponte sobre o Córrego Gordura (km 491,180 a 491,390), com 210 metros de extensão.

Imagem 60: Ponte sobre o Rio Quitéria.

No total, foram construídos 1.652,9 metros lineares de obras de arte até o ano de 2003, mostrando o esforço e a engenharia envolvida na criação da Ferronorte. Aqui está um resumo das principais obras:

Relação de Obras de Arte especial entre os km 0 e 501 da Ferronorte						
Nº Seq.	Obra de arte	Localização (km)		Extensão	Rampa	Seção
		Inicial	Final	m	(%)	
01	Travessia sob a Rodovia BR-158	11,721	11,751	30,00	0,60	Singela
02	Ponte sobre o Rio Quitéria	58,560	58,792	232,00	- 0,49	Singela

continua...

...continuação

03	Viaduto sobre a Rodovia MS-240	111,543	111,613	70,00	0,55	Singela
04	Ponte sobre o Rio Inhame/ Morangas	155,735	156,069	334,00	- 0,50	Singela
05	Ponte sobre o Rio Indaiazinho	197,131	197,311	180,00	0,60	Singela
06	Travessia sob a Rodovia MS-306	228,532	228,546	14,00	0,39	Singela
07	Travessia sob a Rodovia MS-306	256,321	256,335	14,00	0,60	Singela
08	Travessia sob a Rodovia BR-060	283,430	283,444	14,00	0,07	Singela
09	Travessia sob a Rodovia MS-306	313,333	313,388	55,00	- 0,41	Singela
10	Ponte sobre o Rio Sucuriú	343,336	343,411	75,00	0,00	Singela
11	Travessia sob a Rodovia MT-100	419,715	419,785	69,00	- 0,39	Singela
12	Travessia sob a Rodovia MT-100	444,671	444,728	57,00	- 0,86	Singela
13	Ponte sobre o Rio do Sapo	464,026	464,108	82,00	0,88	Singela

continua...

...continuação

14	Travessia sob a Rodovia MT-100	481,549	481,605	55,50	0,93	Singela
15	Ponte sobre o Córrego Boiadeiro	487,020	487,170	149,40	1,00	Singela
16	Ponte sobre o Córrego Gordura	491,180	491,390	210,00	0,88	Singela
17	Passagem Inferior	500,574	500,586	12,00	- 0,41	Singela
Total: 1.652,9 m de obras de arte construídas.						

(Elaborado pelo autor)

Com essas obras, conseguimos integrar e dar continuidade ao projeto da Ferronorte, superando diversos desafios técnicos e logísticos ao longo do caminho.

CAPÍTULO 14

A VIA PERMANENTE

A via permanente da Ferronorte inclui a infraestrutura e a superestrutura. A infraestrutura vai até a camada de sublastro, com 25 centímetros de espessura, feita com material nobre. A superestrutura é composta por pedra de lastro (brita), dormentes e trilhos, formando a montagem final da via.

O sublastro inicialmente tinha 20 centímetros de espessura, mas foi ajustado para 15 centímetros. Onde a canaleta foi removida, o sublastro foi arredondado ao longo dos taludes e bordas dos aterros. Foi testado um solo melhorado com produtos químicos, que teve sucesso, mas o custo elevado inviabilizou sua aplicação em larga escala.

A superestrutura utilizou um lastro de 15 centímetros, uma decisão inédita no país e bastante debatida. A execução teve desafios, como a granulometria inicial de três polegadas. Houve problemas com o confinamento dos materiais nos viadutos sobre rodovias, e as fissuras nos dormentes foram atribuídas ao abaulamento, criando efeito gangorra.

Para resolver, foi criada uma equipe de terraplenagem e o sublastro foi nivelado em trechos novos.

O material escavado para os piquetes topográficos também contribuiu para a instabilidade. A grade foi montada diretamente sobre o sublastro, mas uma camada adicional de lastro foi lançada em pontes e viadutos. O espaçamento dos dormentes foi projetado para 68 centímetros, resultando em uma taxa de 1.470 dormentes por quilômetro.

Nos pátios, a grade passava direto, deixando os desvios para depois. Os Aparelhos de Mudança de Via (AMV's) foram instalados com dormentação em madeira, mas devido às diferenças de altura entre madeira e concreto, foi necessário nivelar com uma camada de lastro. Não foi permitido o uso de óleo queimado para lubrificar os AMVs, e brita com granulometria diferente também foi proibida.

Nas PNs, foi implantado um sistema de borrachas em vez dos tradicionais contratrilhos. A terraplenagem foi feita antes da implantação da superestrutura, o que causou problemas na drenagem quando o sublastro foi atingido. Todas as PNs receberam pavimentação asfáltica e foram instaladas porteiras e mata-burros, com cadeados entregues aos fazendeiros.

Os marcos quilométricos foram feitos com placas cinza-reflexiva e algarismos pretos, fixadas em marcos de concreto com seção triangular para visibilidade em ambos os sentidos. Os marcos hectométricos não foram implantados, e pontos notáveis foram anotados com tinta amarela na alma dos trilhos.

As barras longas foram unidas provisoriamente com um parafuso em cada extremidade, o que causou quebras devido à falta de perpendicularidade. As barras foram lançadas pelo sistema de puxa e empurra, e posteriormente as curtas foram substituídas por longas. No trecho onde barras curtas foram usadas, surgiram amassados que foram corrigidos com esmerilamento.

Problemas com a estabilidade dos taludes surgiram devido à água durante a escavação, principalmente em arenito saturado. Gabiões com tubos para drenagem foram usados para estabilização. Os taludes foram inicialmente executados com inclinação muito acentuada, causando desmoronamentos, e foram ajustados para um ângulo ideal de um para um. O plantio de grama utilizou diversas espécies, com tratamento especial em áreas problemáticas.

CORREÇÃO DE PROBLEMAS E MELHORIAS CONTÍNUAS

A implantação da obra foi dividida em várias etapas, com a infraestrutura enfrentando mais interrupções devido à falta de recursos. A partir da entrada dos fundos de pensão, o projeto avançou. Muitos defeitos foram encontrados e corrigidos em um processo de refazimento, debatendo-se se os problemas eram de construção ou do projeto. Problemas como a falta de limpeza das canaletas e deficiência na drenagem foram identificados e corrigidos.

Para a superestrutura, foram feitas sugestões para melhorar a durabilidade, como a construção de anteparos do lastro e a mudança no sistema de cadeados dos AMVs. A manutenção constante da via é essencial, incluindo o uso de roletes em vez de placas deslizantes em áreas com poeira intensa e a implantação de detectores de roda quente e sinais de aproximação dos pátios.

Imagem 61: AMV montado com dormentação de madeira.

Imagem 62: Montagem de um dos pátios de cruzamento, onde observa-se a grade diretamente no sublastro.

Imagem 63: Patinação em trilho novo.

Imagem 64: Patinação no trilho devido à falta de areeiro.

Imagem 65: Manutenção do sistema de drenagem superficial.

Imagem 66: Estaleiramento de dormentes visando à montagem da grade.

Imagem 67: Dormentação de madeira ao ser concluída a montagem do AMV.

Imagem 68: Detalhe de acabamento de sublastro.

Imagem 69: Dispositivo de carga de lastro ao fundo e destaque para parte da pêra ferroviária.

Imagem 70: Hidrossemeadura convencional em corte.

Imagem 71:
Marco quilométrico em concreto de seção prismática exclusiva no Brasil.

Imagem 72:
Marco de sinalização para operação do sistema de GPS.

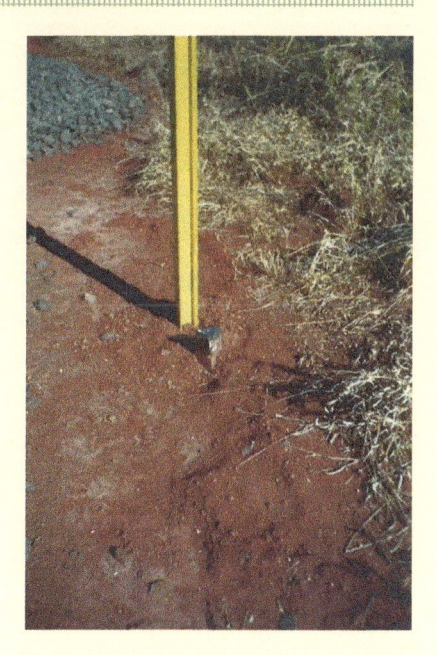

Imagem 73: Montagem de AMV com detalhe para diferença de altura entre dormente de madeira e concreto.

Imagem 74: Rolete guia de trilho.

Imagem 75: Rolete para tracionamento de trilho.

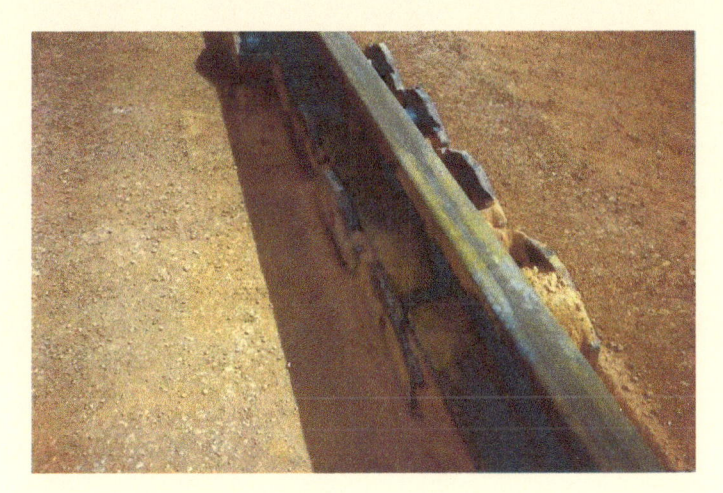

Imagem 76: Roletes para descarga do TLS.

Imagem 77: Roletes utilizados para tracionar trilhos de barra longa (TLS).

Imagem 78: Trilho TLS movimentando sobre o rolete.

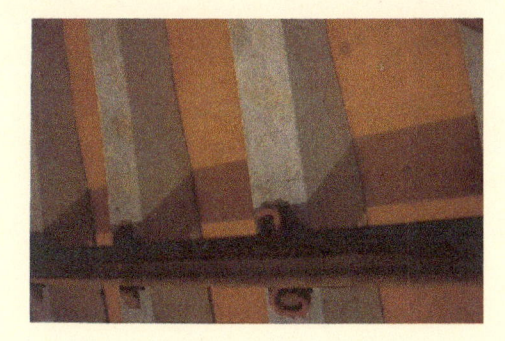

Imagem 79: Travamento provisório da via (fixação instalada a cada três dormentes).

Imagem 80: Estaleiro de solda – tramo central da ferrovia Norte-Sul.

Imagem 81: Dois conjuntos de socarias, onde cada conjunto é formado por uma socadora e uma reguladora.

CAPÍTULO 15
A OPERAÇÃO FERROVIÁRIA

Quando a Ferronorte entrou em operação, houve muitos desafios técnicos e logísticos a serem superados para garantir o sucesso.

A Ferronorte iniciou sua operação em 2000, transportando 1 milhão de toneladas de grãos do Centro-Oeste para o Porto de Santos entre março e agosto daquele ano. Nos primeiros meses de 2001, a ferrovia já havia estabelecido novos recordes de descarregamento e transbordo, demonstrando plena eficiência. O impacto foi tão grande que o Terminal de Alto Taquari, inaugurado em agosto de 1999, foi ampliado com a construção de mais dois silos, totalizando seis unidades com capacidade de armazenamento de 40 mil toneladas de grãos.

Durante a operação, manter a integridade da superestrutura e da via permanente era crucial. Verificar o nivelamento dos trilhos antes de qualquer solda e materializar os Pontos de Interseção (PIs) de forma visível ajudava na manutenção e prevenção de problemas. Passagens de nível (PNs) para acesso de veículos rodoferroviários e a melhoria do acabamento com brita 1 nas imediações da balança também foram importantes para a segurança.

INFRAESTRUTURA E SEGURANÇA

Para as cabines de rádio e *nobreaks*, a Ferronorte substituiu as estruturas de alvenaria por containers, com o objetivo de reduzir os furtos, embora ainda ocorressem roubos de ar-condicionado, rádios e cabos. A instalação de torres estaiadas apresentou problemas devido à falta de áreas adequadas ou fundações suficientes, levando à necessidade de ajustes. Em um caso, a instalação de postes de energia em uma reserva natural resultou em embargo imediato pelo Instituto Brasileiro do Meio Ambiente (Ibama).

ATERRAMENTO E CHAVES DE MOLA

O sistema de aterramento foi implementado nos pátios e containers para garantir segurança. As chaves de mola inicialmente apresentaram problemas, como vazamentos de óleo e quebras devido às trepidações, e acabaram substituídas por peças de aço forjado. Isso resolveu o problema.

SISTEMA DE SINALIZAÇÃO

Uma das grandes mudanças foi na sinalização dos pátios ferroviários. A Ferronorte simplificou o sistema, utilizando apenas sinais laranja e verde, sem o vermelho. Cada direção tinha um único sinal, colocado a 2.800 metros de distância – o comprimento de um trem. A alimentação dos sinais era feita com energia elétrica convencional das fazendas vizinhas, mas isso gerou problemas devido à falta de manutenção e quedas frequentes de energia, além de danos causados por raios e roubos de materiais.

COMUNICAÇÃO

Para uma operação ferroviária eficiente, a comunicação e as medidas de segurança eram fundamentais. Definir os locais de execução das torres de comunicação era essencial, e onde o espaço era limitado era melhor optar por torres autoportantes. Sistemas de *nobreak* e protetores de sub, sobretensão e falha de fase foram recomendados para áreas com energia convencional, garantindo continuidade operacional e proteção dos equipamentos.

SINALIZAÇÃO DAS PASSAGENS DE NÍVEL

As sinalizações das passagens de nível (PNs) também precisaram de ajustes. Inicialmente, o sistema não funcionava bem para veículos leves, levando à instalação de calços isolantes. A sinalização ativa foi vandalizada, principalmente por caminhoneiros, exigindo ajustes nos sistemas de segurança e comunicação com os motoristas.

Imagem 82: Junta utilizada na passagem de nível do ramal da pedreira.

Imagem 83: Trem trilheiro usado na construção da Ferronorte (malha norte da Rumo), onde o trem era composto de pranchas HFT carregando cinco camadas de trilhos TLS de 288 metros.

Imagem 84: Recolhendo barras de trilhos UIC-60 de 18 metros.

Imagem 85: Recolhendo barras de trilhos UIC-60 de 18 metros. Trens trafegando sobre o TLS.

Imagem 86: Operação de descarga de trilho TLS pelo processo puxa-empurra.

Imagem 87: Sinalização ativa (barreira) na passagem de nível. No Brasil, não é permitido pelo Conselho Nacional de Trânsito (Contran).

Imagem 88: Base em construção de sistema de comunicação e sinalização.

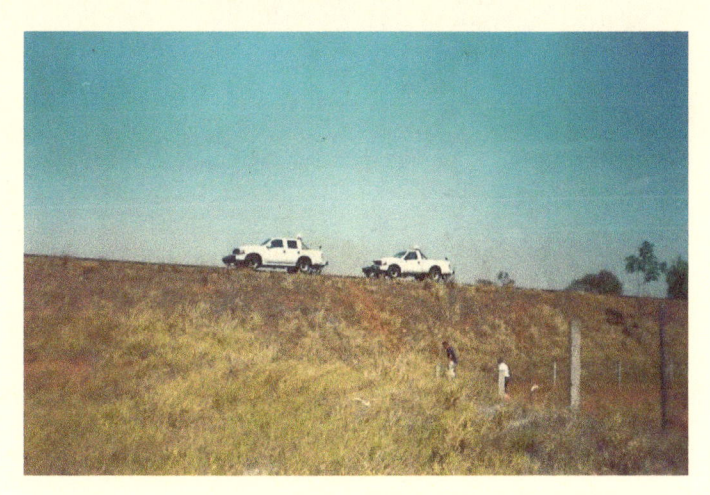

Imagem 89: Veículos rodoferroviários de inspeção de via.

Imagem 90: Rádio manual da equipe de manutenção.

Imagem 91: Socadora tracionando vagão de serviço.

Imagem 92: Rede aérea de remanejamento mal instalada.

Imagem 93: Rede elétrica aérea provisória.

Imagem 94: Rede aérea, posteriormente envaletada no corpo do aterro.

Imagem 95: Sinalização passiva de passagem de nível.

Imagem 96: Descarrilamento do trem de lastro durante descarga.

Imagem 97: Esta foi uma inovação nossa: contratrilho em borracha, algo até então desconhecido no Brasil. Criamos essas passagens em nível usando trilhas em borracha para evitar que o impacto dos carros danificasse os trilhos. A função principal era permitir o tráfego rodoviário sem desalinhar ou desnivelar os trilhos.

Imagem 98: Fato curioso: durante a obra da Ferronorte, definimos onde seriam as passagens de nível (PNs) e criamos um projeto único para todas. Cortamos estradas estaduais, federais, de chão e de fazenda. Nessa região agrícola, as máquinas agrícolas, quando abertas, chegam a medir 8 metros de largura, então tivemos que adequar as passagens de nível para acomodar esse tipo de tráfego.

CAPÍTULO 16

OS TERMINAIS DE CARGA

Os terminais de carga da Ferronorte foram fundamentais para a operação eficiente da ferrovia desde o início. A principal meta sempre foi otimizar o transporte e garantir eficiência.

Primeiras etapas:

20 de maio de 1998 - Km 110: inaugurado Terminal de Inocência (MS)

31 de maio de 1999 - Km 291: inaugurado Terminal de Chapadão do Sul (MS)

6 de agosto de 1999 - Km 410: inaugurado Terminal de Alto Taquari (MT)

Janeiro de 2001 – início das obras do trecho Alto Taquari – Rondonópolis (MT)

Os terminais foram projetados para atender à alta demanda, com melhorias nos pátios de cruzamento e na capacidade das linhas. No Porto de Santos, reformas significativas aumentaram a eficiência dos terminais. Foram remodelados 4 mil metros de linhas na margem direita, com outras 4 mil então previstas. A margem esquerda também passou por melhorias, incluindo a troca de trilhos e dormentes.

Locomotivas e vagões foram selecionados para suportar grandes cargas e operar de maneira eficiente. Os terminais foram adaptados para receber trens inteiros, agilizando o processo de carga e descarga. No Porto de Santos, novos contratos ajudaram a eliminar os principais gargalos que atrapalhavam o fluxo dos trens.

A Ferronorte utilizou uma frota especializada e trens unitários, eliminando processos demorados e aprimorando a operação. A ideia era oferecer um serviço competitivo, com horários fixos e processos otimizados para reduzir os tempos de carga e descarga.

Imagem 99: Terminal TNO Inocência, que funcionou apenas durante o ano 2000. No ano seguinte, foi construído o terminal de Chapadão do Sul, e este foi desativado.

Imagem 100: Terminal de cargas de Chapadão do Sul.

CAPÍTULO 17

COMPRA DE LOCOMOTIVA

Quando se trata da compra de locomotivas, assim como em qualquer projeto ferroviário do tipo Greenfield, é necessário ter também a chamada "ferrovia de serviço." Esta nada mais é do que trens que transportam materiais para a construção da ferrovia.

No início da operação, tivemos quatro locomotivas de serviço, que eram da Vale e foram emprestadas para nós. Esse material rodante nos ajudou até comprarmos as locomotivas que seriam usadas na operação regular da ferrovia.

Adquirimos cinquenta locomotivas Dash-9, que começaram a entrar em operação gradualmente. Então, por um tempo, tínhamos as locomotivas de trem comercial, as Dash-9 e as locomotivas de serviço circulando pela ferrovia.

As Dash-9 são máquinas potentes, com 4.500 HP cada. A composição típica dos trens de carga era de quatro Dash-9 puxando 120 vagões carregados.

As locomotivas foram adquiridas da General Electric, dos EUA, na Pensilvânia, e montadas no

Porto de Santos. Assim que chegavam, já eram colocadas em operação.

Imagem 101: Locomotiva Dash-9 escoteira.

Imagem 102: Quádrupla, transportando 120 vagões carregados.

CAPÍTULO 18

FABRICAÇÃO DE VAGÕES

A empresa Maxion foi a responsável pela produção dos vagões empregados na Ferronorte. Convém destacar: fabricamos os vagões HFT, feitos de alumínio; foram os primeiros do Brasil.

Esses vagões de alumínio começaram a enfrentar problemas graves com descarrilamentos. Em casos de acidente, os engates automáticos, conhecidos como engate tipo amor-francesa, acabavam literalmente rasgando as chapas de alumínio dos vagões. No primeiro acidente, perdemos vinte vagões de uma vez só; acredito que foi em São José do Rio Preto (SP).

Dos oitocentos vagões fabricados, muitos foram desativados devido a esse problema com o alumínio. Mas qual era a vantagem desses vagões? A principal era o peso mais leve. Isso significava que eles tinham menor tara (peso morto), permitindo carregar mais peso líquido, cerca de 120 toneladas.

Imagem 103: Locomotiva Dash-9 e os vagões HFT carregados passando em uma obra de arte especial (OAE).

Imagem 104: Visão aérea do trem padrão da Ferronorte: quatro locomotivas Dash-9 e 120 vagões HFT de alumínio carregados, passando no km 200 em Água Clara.

Imagem 105: Locomotiva Dash-9 e os vagões HFT carregados, sentido exportação.

CAPÍTULO 19

O INÍCIO DAS OPERAÇÕES COMERCIAIS

À medida que o projeto da Ferronorte caminhava para a conclusão de seu primeiro trecho de via, crescia o interesse dos potenciais usuários no início da operação comercial. Na busca de informações mais detalhadas por parte desses interessados, alguns esclarecimentos têm sido solicitados com maior frequência, particularmente no que diz respeito aos serviços prestados, em que as dúvidas principais concentram-se na questão da oferta de vagões, tração e operação portuária.

A operação da Ferronorte parte da premissa de que o tempo de viagem redonda deverá ser necessariamente reduzido. E, nesse sentido, a maior redução deverá ser no tempo hoje gasto nos terminais de carga e descarga.

Imagem 106: Divulgação em meios de comunicação sobre o início de operação comercial da Ferronorte.

Imagem 107: Trem de serviços no início da operação da Ferronorte.

Imagem 108: Trem inaugural da Ferronorte.

Imagem 109: Viagem de trem inaugural da Ferronorte em 2001.

Imagem 110: Prancha HFT adaptada para equipamentos de manutenção.

Imagem 111: Início de operação comercial da Ferronorte onde se vê vagões HFT fabricados em alumínio.

Imagem 112: Tabuleiro na ponte rodoferroviária sobre o lago da represa no Rio Paraná (2005).

Imagem 113: Pátio Ferrovia Norte-Sul — Anápolis. Curva horizontal para sair de um desnível de 20 metros.

CAPÍTULO 20

A FERRONORTE ATUAL E FUTURA

A trajetória da Ferronorte foi marcada por muitos desafios desde sua concepção. Quando a ferrovia chegou a Alto Araguaia, a concessionária da época renunciou à concessão original ao governo, interrompendo o projeto de expansão até Cuiabá, Porto Velho e Santarém. Esse descompasso fez com que o avanço da ferrovia perdesse o alinhamento planejado, gerando uma reestruturação na concessão.

Posteriormente, a concessionária América Latina Logística (ALL) foi sucedida pela Rumo Logística, que retomou os projetos de expansão da ferrovia, agora mediante autorizações governamentais. Atualmente, a Rumo está construindo um novo trecho que ligará Rondonópolis a Lucas do Rio Verde, no Mato Grosso. Esse avanço busca transferir o terminal de Rondonópolis para Lucas do Rio Verde, um ponto estratégico para a movimentação de cargas, especialmente no setor agrícola. No setor ferroviário, o último terminal é sempre o mais relevante, pois concentra a logística e o escoamento de produção.

A devolução da concessão original e o subsequente desmembramento da Ferronorte resultaram na criação da "Ferrovia Senador Vicente Vuolo", nome dado ao projeto concedido à Rumo para a construção da linha até Lucas do Rio Verde. Com a nova legislação de autorizações, o estado do Mato Grosso conseguiu viabilizar essa expansão, mas o processo de construção ferroviária no Brasil ainda enfrenta grandes desafios.

A construção de ferrovias no país é notoriamente lenta e cara. Para se ter uma ideia, levou-se 26 anos para estender a ferrovia até Rondonópolis, e o custo por quilômetro de ferrovia atualmente ultrapassa os 10 milhões de reais. Além disso, para que o modal ferroviário seja economicamente viável e competitivo, é necessário um mínimo de 200 quilômetros de extensão contínua, o que aumenta ainda mais o nível de complexidade e investimento.

Essa realidade ressalta a dificuldade de se construir ferrovias no Brasil, especialmente quando realizadas pela iniciativa privada. No entanto, apesar dos desafios, a expansão para Lucas do Rio Verde representa um avanço estratégico importante para o agronegócio e para a economia do estado.

Imagem 114: Vista panorâmica da Unidade Industrial.

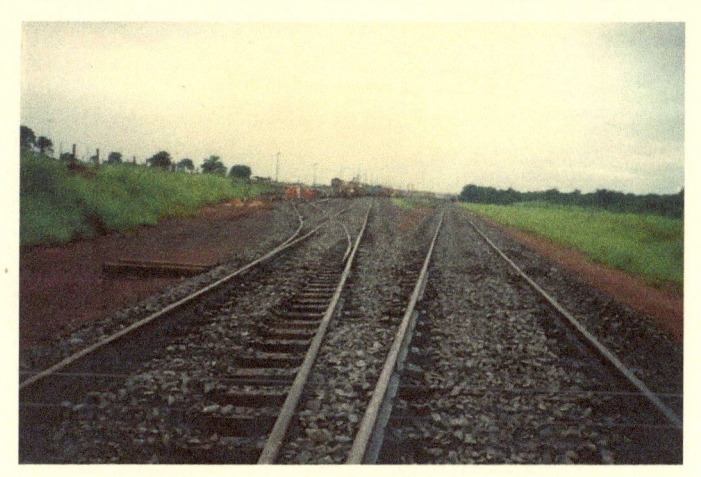

Imagem 115: Vista geral da Unidade Industrial utilizada para a construção da Ferronorte.

APÊNDICE

COMPONENTES DA VIA PERMANENTE
(POR: LUCAS NOGUEIRA)

A.1. SUPERESTRUTURA E INFRAESTRUTURA

É comum definir os componentes da via permanente em dois grupos: **superestrutura** e **infraestrutura**, mas não há consenso acerca dos elementos que compõem cada grupo. De acordo com o *Glossário do Setor Ferroviário*, do Departamento Nacional de Infraestrutura de Transportes (DNIT), a superestrutura é composta por **trilho**, **dormente** e **lastro**; e a infraestrutura inclui o **sublastro** e o **subleito** (Imagem A.1).

A classificação de Selig e Waters (1994), baseada na experiência norte-americana, é um pouco diversa, incluindo na superestrutura apenas trilho, fixação e dormente, ao passo que compõem a infraestrutura o lastro, o sublastro e o subleito. A Imagem A.1 ilustra a vista transversal de uma via permanente típica.

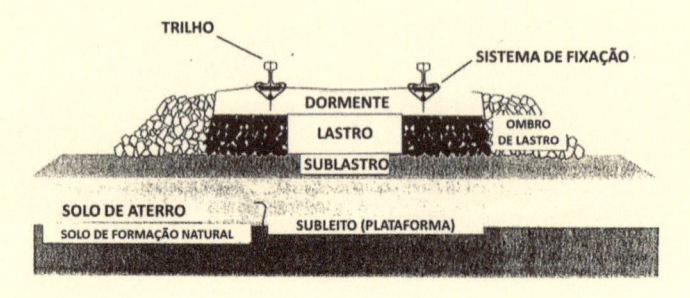

Imagem A.1: Componentes da via permanente.

A.2. TRILHOS

Trilhos são membros longitudinais de aço que orientam as rodas de modo uniforme e contínuo. Os trilhos de uma via funcionam como vigas que transferem as solicitações do material rodante para os dormentes sem ocasionar tensões ou flechas excessivas.

Segmentos de trilho podem ser conectados por talas de junção (Imagem A.2) ou soldagem. Conforme explicam Selig e Waters (1994), talas de junção têm sido uma fonte recorrente de problemas de manutenção em projetos ferroviários. De fato, a descontinuidade entre dois segmentos de trilho unidos por talas de junção pode ensejar carregamentos de impacto severos, o que conduz a trepidações e movimentos vibratórios indesejados no material rodante. Tais carregamentos de impacto são acompanhados por elevadas tensões transitórias no trilho e, por consequência, também no dormente e no lastro. Por tais razões, talas de junção, embora simples, podem acelerar a deterioração da via e constituem uma solução medíocre de conexão de trilhos.

As referidas limitações motivaram o crescente emprego do chamado trilho longo soldado (TLS ou CWR, no inglês *continuous welded rail*), no qual (como sugere o nome) o uso de talas é substituído pela soldagem direta de segmentos de trilho. No procedimento de soldagem usual, segmentos de trilho alinhados são aquecidos localmente pela passagem de uma corrente elétrica através da lacuna que os separa. A corrente é mantida até a liquefação do metal, garantindo a conexão entre os dois segmentos.

Atualmente, o TLS é a solução favorecida em linhas de alta velocidade, elevadas cargas por eixo ou elevada densidade de tráfego. Entre as vantagens do TLS, pode-se citar o menor desgaste gradual dos trilhos; as reduções expressivas em custos de manutenção; e a melhor qualidade de transporte e conforto para os passageiros do material rodante. A principal desvantagem do TLS é a suscetibilidade dos trilhos a flambagem e fissuração ante expressivas variações de temperatura.

Imagem A.2: Trilhos unidos por talas de junção.

A maior parte dos trilhos em uso comercial é fabricada com aço de microestrutura perlítica, que é uma estrutura lamelar composta de ferrita e cementita (Hajizad *et al.*, 2019). Os aços perlíticos de aplicação para trilhos apresentam boa resistência a desgaste devido a seus altos valores de dureza, que variam entre 260 e 400 HB. A dureza pode ser aumentada ainda mais com o aumento do teor de carbono, mas adições excessivas desse elemento implicam perda de tenacidade à fratura e reduzem o desempenho da liga em soldagem.

Cientes das limitações dos aços perlíticos, engenheiros civis e cientistas de materiais têm buscado aços para aplicações em trilhos que suplantem o desempenho da microestrutura perlítica. Até o momento, os candidatos mais promissores são os aços bainíticos, que apresentam excelente resistência, dureza e tenacidade. De fato, trilhos bainíticos típicos apresentam dureza superior a 400 HB e tenacidade à fratura muito superior aos trilhos perlíticos convencionais (Hajizad *et al.*, 2019). Ademais, os aços bainíticos apresentam baixo conteúdo de carbono e outros ligantes químicos, o que favorece a soldabilidade (Hasan *et al.*, 2020).

A.3. DORMENTES

Os dormentes de uma via férrea possuem ao menos quatro funções básicas:
1. Propagar os carregamentos da roda para o lastro;
2. Sustentar os trilhos sob bitola e inclinação adequadas;
3. Transmitir forças laterais e longitudinais;
4. Fornecer uma superfície de repouso para os sistemas de fixação.

Dormentes são geralmente produzidos em madeira ou concreto. Peças construídas com aço, materiais reciclados ou compósitos especiais, embora adotadas em seletos projetos, ainda não foram difundidas em grande escala. Dormentes de madeira constituíram a escolha inescapável de material desde o advento da engenharia ferroviária, no fim do século XVIII, até a primeira metade do século XX. Peças de madeira são fáceis de manusear e transportar, mas apresentam vida útil relativamente curta e, no caso de algumas madeiras, exigem tratamento com compostos químicos especiais.

Após a Segunda Guerra Mundial, o uso de concreto protendido tornou-se comum na construção civil. Concomitantemente, dormentes fabricados a partir de tal material foram adotados na prática ferroviária. Dormentes de concreto têm vida útil superior e maior capacidade de carga do que peças de madeira, e o seu peso superior favorece a estabilidade do sistema férreo.

Há dois tipos básicos de dormente de concreto, quais sejam, o dormente **bibloco** e o dormente **monobloco** (Imagem A.3):

Dormente monobloco: este é essencialmente uma viga de concreto com armadura de aço, a qual pode ser *pós-tensionada*, sem aderência entre o concreto e as barras que compõem a armadura de aço, ou *pré-tensionada*, com aderência entre o concreto e as barras. As variedades pós e pré-tensionada foram desenvolvidas no Reino Unido e na Alemanha, respectivamente.

Dormente bibloco: este é constituído por dois blocos de concreto unidos por uma barra de aço. Acredita-se que essa solução fornece resistência lateral superior ao dormente monobloco. Trata-se de uma invenção francesa, utilizada, por exemplo, nas linhas do célebre TGV.

Imagem A.3: Dormentes de concreto monobloco (acima) e bíblico (abaixo).

Dormentes de aço competem com dormentes de concreto em termos de desempenho mecânico e custo, mas ainda não foram adotados em grande escala. Dois motivos para tanto são a suscetibilidade à corrosão, sobretudo em ambientes costeiros, e problemas de instalação, uma vez que a geometria de tais peças dificulta a obtenção de contato adequado com o lastro subjacente (Abadi *et al.*, 2019).

Dormentes plásticos ou projetados com compósitos especiais são invenções relativamente recentes. Seus idealizadores afirmam que estes podem garantir a rigidez razoável das peças de madeira e a durabilidade das peças de concreto, e, ademais, podem ser mais ambientalmente sustentáveis que ambos. Todavia, seu uso na prática ferroviária ainda é incipiente.

Espaçamento entre dormentes

O espaçamento entre dormentes traz implicações decisivas para o comportamento mecânico de uma via permanente. Sabe-se que quanto menor o valor de tal espaçamento, mais uniforme será a distribuição de tensões e menor será a deformação da via (Sañudo *et al.*, 2022). Por outro lado, espaçamentos mais estreitos implicam maiores custos e podem aumentar a rigidez da via excessivamente, favorecendo fadiga mecânica e fissuração (Sañudo Ortega *et al.*, 2021).

O espaçamento entre dormentes mais comumente utilizado é 0,6 metros. Esse valor implica a disposição de aproximadamente 1.666 peças por quilômetro de via, mas uma miríade de valores distintos, geralmente entre 1.000 e 2.000 peças/km, já foi adotada na prática ferroviária.

A.4. LASTRO

Um lastro típico é constituído por pedra britada. Há preferência por partículas angulares, as quais interagem entre si para garantir o travamento (*interlocking*) da camada e, destarte, fornecem resistência mecânica superior àquela obtida com partículas arredondadas. Ademais, buscam-se agregados uniformemente graduados, com rugosidade superficial e dureza elevadas. Diversas rochas podem ser utilizadas na fabricação de agregados para lastro, incluindo granito, basalto, quartzito e alguns calcários.

A espessura da camada de lastro é definida pela velocidade máxima dos trens, as cargas por eixo sustentadas pela via e a carga anual esperada (no caso de linhas dedicadas ao transporte de carga). A espessura adotada pode variar entre 150 milímetros para aplicações de trânsito leve até 350 milímetros ou mais para vias sujeitas a solicitações particularmente pesadas (Bonnett, 2005). As espessuras mínimas recomendadas por reguladores do Reino Unido (um bom país ocidental de referência) estão sumarizadas na Tabela A.1.

Tabela A.1: Espessuras de lastro recomendadas

Velocidade da via (km/h)	Carga anual (toneladas/ano)	Espessura do lastro (mm)
Até 200	> 7 milhões	280
	< 7 milhões	230
Até 170	> 15 milhões	280
	< 15 milhões	230
< 130	Qualquer valor	150

(Bonnett, 2005)

Como qualquer outro material de engenharia, os agregados do lastro são gradualmente degradados ao longo de sua vida útil. Diversas são as causas de tal desgaste, mas Selig e Waters (1994) destacam três:

1. Degradação mecânica das partículas durante construção e manutenção, ou como consequência de sucessivos carregamentos impostos pelo material rodante;
2. Intemperismo químico e mecânico ocasionado pelo meio ambiente;
3. Migração de finos (*piping*) oriundos das camadas subjacentes ao lastro.

A.5. SUBLASTRO E SUBLEITO

Sublastro é a camada constituída por material granular, geralmente bem graduado, localizada entre o lastro e o subleito. Sua função é atuar como um meio de filtragem e separação, impedindo o ingresso de solo do subleito no lastro sobrejacente. Um sublastro típico é constituído por pedra britada bem-graduada ou uma mistura de areia e cascalho com espessura de aproximadamente 150 milímetros (Indraratna e Ngo, 2018).

O subleito funciona como solo de fundação da ferrovia. Este deve ser rígido e possuir uma capacidade de carga capaz de suportar os esforços que o material rodante impõe na interface sublastro-subleito. Conforme explicam Indraratna e Ngo, a fim de prover uma plataforma estável para a via permanente, o subleito deve impedir ou mitigar os seguintes fenômenos:

- » Deformação plástica cumulativa após sucessivos carregamentos cíclicos;
- » Adensamento excessivo devido à carga combinada de material rodante e estrutura da via;
- » Inchamento ou contração decorrentes de variações em teor de umidade.

A Tabela A.2 lista algumas propriedades desejáveis das camadas de sublastro e subleito.

Tabela A.2: Especificações típicas das camadas de sublastro e subleito

Parâmetro	Valores recomendados	
	Sublastro	Subleito
Índice de suporte Califórnia (CBR) (%)	> 25	> 5
Módulo de elasticidade médio (MPa)	100	35
Compactação por teste Proctor (%)	100	97

(Elaborado pelo autor)

A.6. CARGA POR EIXO

A carga por eixo (CPE) é a variável mais importante na determinação dos esforços que atuam em uma via férrea. Seu valor máximo depende de uma conjunção de fatores estruturais do sistema ferroviário, incluindo as características do material rodante e da via propriamente dita. Para vias dimensionadas com bitola *standard* (= 1,435 m), a União Internacional de Caminhos de Ferro (UIC) propôs quatro categorias de CPE de dimensionamento, a saber:

Categoria A: CPE máxima de 16 toneladas métricas;
Categoria B: CPE máxima de 18 t;
Categoria C: CPE máxima de 20 t;
Categoria D: CPE máxima de 22,5 t.

Conforme relata Profillidis (2022), a UIC propôs a Categoria D, que resulta do aumento da carga por eixo de 20 t para 22,5 t, com o intento de incentivar a redução de custos operacionais em transporte de cargas. Em 2006, o periódico oficial dos reguladores da União Europeia introduziu três novas categorias, denominadas E, F e G, para designar cargas por eixo respectivamente iguais a 25, 27,5 e 30 toneladas. Países com matrizes de transporte de carga particularmente avançada como China, Estados Unidos e Austrália já operam linhas *heavy haul* com CPEs de cerca de 40 toneladas (Bosso *et al.*, 2023). Evidentemente, o aumento progressivo das cargas por eixo de dimensionamento é desejável em aplicações de transporte de carga, mas alguns debatedores notam que vias com CPEs mais pesadas geralmente têm vidas úteis mais curtas e podem ser mais suscetíveis a descarrilamento (Korpanec *et al.*, 2005).

A.7. A VIA FÉRREA *HEAVY HAUL*

O termo *heavy haul* concerne a qualquer operação ferroviária com material rodante de carga por eixo superior a 25 toneladas (Pyrgidis, 2021). A Tabela A.3 lista alguns exemplos de projetos *heavy haul* atualmente em operação; constam na tabela dados como extensão da via, número de linhas, carga por eixo, tipo de carga, carga anual transportada, massa do trilho, tipo de dormente e velocidade de tráfego.

Linhas *heavy haul* são particularmente comuns no continente americano, África do Sul e Austrália (Imagem A.4), onde respondem pela maior parte do transporte ferroviário de cargas. A razão para a expressiva presença de linhas pesadas nessas regiões corresponde à importância de *commodities* como minérios, carvão e grãos em suas respectivas economias. As locomotivas corpulentas de uma linha *heavy haul* constituem uma solução excelente para o deslocamento de tais produtos.

Por outro lado, linhas pesadas são raras no continente europeu, onde as cargas transportadas por veículo dificilmente excedem 1.000 toneladas. Pyrgidis (2021) observa que uma locomotiva de transporte de carga típica nos EUA apresenta o dobro da carga por eixo de um material rodante equivalente na Europa; ademais, as composições de trens nos EUA são geralmente dois ou três vezes mais compridas que as composições de trens de carga em voga no continente europeu.

Existem diferenças claras entre uma locomotiva de transporte de carga comum e uma locomotiva semelhante no sistema *heavy haul*. Algumas diferenças são listadas a seguir (Pyrgidis, 2021).

Velocidade de operação: locomotivas *heavy haul* operam sob velocidades de tráfego menores que as velocidades de trens de carga convencionais. Por esse motivo, as viagens são mais morosas.

Carga transportada diariamente: locomotivas *heavy haul* transportam volumes de produtos particularmente grandes, o que traz consequências importantes para o dimensionamento da via férrea — incluindo, por exemplo, trilhos mais pesados, dormentes mais resistentes e camadas de lastro mais espessas.

Carga por eixo: locomotivas *heavy haul* transportam volumes de produtos particularmente grandes e, por consequência, impõem cargas por eixo superiores a locomotivas de carga convencionais. Por conseguinte, a deterioração da via é acelerada.

Comprimento da composição: composições de trens em linhas *heavy haul* têm comprimento da ordem de quilômetros, em contraste com os 400-800 metros no caso de trens de carga convencionais.

Imagem A.4: Composição *heavy haul* de minério de ferro em Pilbara, Austrália. (Fonte: Australia Mining Monthly)

Tabela A.3: Linhas férreas heavy haul ao redor do mundo

Trecho/nome da linha	Extensão da via (km)	Número de linhas e bitola em mm	Carga por eixo (t)	Tipo de carga	Carga anual (milhões de toneladas)	Massa do trilho (kg) e tipo de dormente	Velocidade máxima de tráfego (km/h)
Austrália/Pilbara-Rio Tinto	1100	Singela/1.435	32,5	Aço	220	68/concreto	80
África do Sul/Sishen-Saldanha	861	Singela/1.067	30	Aço	47	60/concreto	80
Estados Unidos/Wyoming Joint Line-Powder River Basin	165	Dupla/1.435	>30	Carvão	300	68/concreto	80
China/Datong-Qinhuangdao	653	Dupla/1.435	25	Carvão	380	75/concreto	80-100
Austrália (oeste)/Fortescue	280	Singela/1.435	40	Aço	55	68/concreto	80
Austrália (noroeste)/Hamersley	388	Singela/1.435	30	Carvão, minérios e aço	55	68/concreto	75

(Adaptado de Pyrgidis, 2021)

REFERÊNCIAS

ABADI, T.; PEN, L. L.; ZERVOS, A.; POWRIE, W. Effect of sleeper interventions on railway track performance. *Journal of Geotechnical and Geoenvironmental Engineering*, v. 145, n. 4, 2019.

BONNETT, C. F. *Practical railway engineering*. London: Imperial College Press, 2005. 212 p.

BOSSO, N.; MAGELLI, M.; ZAMPIERI, N. Dynamical effects of the increase of the axle load on European freight railway vehicles. *Applied Sciences,* v. 13, n. 3, 2023.

Concessões. Agência Nacional de Transportes Terrestres (ANTT). Disponível em: https://web.archive.org/web/20160217191237/http://www.antt.gov.br/index.php/content/view/5262/Concessoes.html. Acessado em: jul. de 2024.

DA SUCURSAL DO RIO; DA REDAÇÃO. Itamarati deve pagar dívidas em um ano. *Folha de S. Paulo*. São Paulo, terça-feira, 12 de novembro de 1996. Disponível em: https://www1.folha.uol.com.br/fsp/1996/11/12/dinheiro/18.html. Acessado em: jul. de 2024.

Ferrovia Norte Brasil. Wikipédia, 10 de setembro de 2023. Disponível em: https://pt.wikipedia.org/wiki/Ferrovia_Norte_Brasil. Acessado em: jul. de 2024.

Ferrovias e História. Página não oficial. Disponível em: https://web.archive.org/web/20080221030130/http://www.geocities.

com/estrada_de_ferro/f-historia.htm. Acessado em: jul. de 2024.

HAJIZAD, O.; KUMAR, A.; LI, Z.; PETROV, R. H. et al. Influence of microstructure on mechanical properties of bainitic steels in railway applications. *Metals*, v. 9, n. 7, 2019.

HASAN, S. M.; GHOSH, M.; CHAKRABARTI, D.; SINGH, S. B. Development of continuously cooled low-carbon, low-alloy, high strength carbide-free bainitic rail steels. *Materials Science and Engineering*: A, v. 771, p. 138590, 2020.

História das principais ferrovias de Mato Grosso. Secretaria de Estado de Infraestrutura de Mato Grosso (Sinfra). Disponível em: https://www.sinfra.mt.gov.br/historico2. Acessado em: julho de 2024.

INDRARATNA, B.; NGO, T. *Ballast railroad design: SMART-UOW Approach*. Boca Raton: CRC Press, 2018. 176 p.

KORPANEC, I.; REBEYROTTE, E.; GUIGON, M.; TORDAI, I. Increasing axle load in Europe: State of the art and perspectives. *In: 8th International Heavy Haul Conference*, 2005, Rio de Janeiro.

NADAIS, R. J. S. N. (org.). *Manual Básico de Engenharia Ferroviária*. Oficina de Textos, 2014. 360 p.

NASSIF, L. O desafio da Ferronorte. *Folha de S. Paulo*. São Paulo, quinta-feira, 10 de julho de 1997. Disponível em: https://www1.folha.uol.com.br/fsp/1997/7/10/dinheiro/6.html. Acessado em: jul. de 2024.

PROFILLIDIS, V. *Railway planning, management, and engineering*. 5. ed. London: Routledge, 2022. 694 p.

PYRGIDIS, C. N. *Railway transportation systems: design, construction and operation*. CRC Press, 2021. 556 p.

SAÑUDO ORTEGA, R.; POMBO, J.; RICCI, S.; MIRANDA, M. The importance of sleepers spacing in railways. *Construction and Building Materials*, v. 300, p. 124326, 2021.

SAÑUDO, R.; MIRANDA, M.; ALONSO, B.; MARKINE, V. *Sleepers spacing analysis in railway track infrastructure. Infrastructures*, v. 7, n. 6, 2022.

SELIG, E. T.; WATERS, J. M. *Track geotechnology and substructure management.* Thomas Telford, 1994. 446 p.

STUANI, R. Projeto da Ferronorte é apresentado para empresários em SP. *Folha de Londrina*, Domingo, 26 de setembro de 1999. Disponível em: https://www.folhadelondrina.com.br/geral/projeto-da-ferronorte-eapresentado-para-empresarios-em-sp-204193.html?d=1. Acessado em: jul. de 2024.

FONTE Agency FB, Raleway, Utopia
PAPEL Pólen Natural 80g/m²
IMPRESSÃO Meta